Rolf Rüttinger

# DERWISCH MANAGEMENT

*Das Buch zur Krise*

Mit Illustrationen von Sead Mujić

EDITION AVICENNA

Edition Avicenna, München 2009

Illustrationen: © Sead Mujić
Buchgestaltung: Sead Mujić
Druck und Bindung: Theiss, Österreich
ISBN 978-3-941913-01-1

Für I.R. und A. E.

»Wahrlich,
mit dem Schweren
kommt auch das Leichte«

[Sure 94;6]

# Vorwort

Krisen sind eine reine Frage der Wahrnehmung, der Optik. In diesem Sinne ist »Derwisch Management« ***das*** Buch zur Krise. Es hilft denen, die mit der entstandenen Realität nicht zurechtkommen, aber auch denjenigen, die endlich begreifen, dass die Realität eine Illusion ist, die weitgehend auf einen eklatanten Mangel an Drogen zurückzuführen ist. Es werden aber auch die angesprochen, die eine Krise als Zeitfenster für grundlegende Veränderungen sehen, die in Phasen allgemeiner Selbstzufriedenheit und Mittelmäßigkeit nicht möglich sind.

Mit folgenden Witzen, Rätseln und unwahrscheinlich nachdenklich machenden Aphorismen soll nicht die Frage beantwortet werden, wie man Derwische managt, obwohl auch das ein reizvoller Ansatz wäre. Nein, es geht darum, wie ein Derwisch andere in einer Krise führt.

Nun erscheinen Derwische, sofern mit diesem persischen Begriff hierzulande überhaupt etwas verbunden wird, als einigermaßen ekstatisch, grenzwertig und durchgeknallt. Historisch gesehen ist das nicht ganz falsch. Alte Fotos von wandernden Derwischen lassen die Jungs um den Schauspieler Jack Nicholson in dem Film »Einer flog über das Kuckucksnest« vergleichsweise wie einen Mitarbeitertrupp des städtischen Ordnungsamts aussehen.

Doch dies ist nur die folkloristische Seite der Wahrheit. Derwische, im Arabischen Sufis genannt, sind praktizierende Anhänger der islamischen Mystik, des Sufismus. Sein Ziel ist die Vereinigung mit Gott und der Weg dorthin gilt nicht als reines Wellness-Programm. Denn zur Disposition stehen das persönliche Wertesystem, alte Programmierungen und Konditionierungen, eigentlich widersinnige Denkschablonen und Verhaltensmuster. Oder wie es schon im Koran steht: Stirb, bevor du stirbst.

Nun wäre der Sufismus nicht das tolerante, liberale und liebevolle Herz des Islam, gäbe es auf dieser Reise nicht einige Erleichterungen in Form von Geschichten und Witzen, die, häufig verdeckt, wesentliche Inhalte des sufischen Wegs transportieren. Protagonist dieser Tradition ist seit Jahrhunderten Nasrudin, der, wahrscheinlich erfunden, in der Rolle des hintersinnigen Tölpels auftritt. Seine Streiche werden bis zum heutigen Tag im ganzen Orient erzählt. Auch im Westen werden täglich neue sufische Witze erfunden, wie sie in der vorliegenden Sammlung zu finden sind.

Und was hat das alles mit Management zu tun? Wie andere Lebensbereiche auch, kann das betriebliche Geschehen, reduziert auf das Spannungsverhältnis der handelnden Personen, ein fantastischer Nährboden sein für Aberwitziges, Lächerliches, Dämliches und Gemeines. Dass diese Sichtweise nicht unbedingt paranoid ist, wird jeder Kenner der Materie bestätigen.

Ohne sich zu entrüsten oder verärgert zu sein, ist sich der »Derwisch« im Manager dieser Situation bewusst.

Als Spezialist für das »zweite Programm«, das größtenteils unter dem Tisch läuft, sorgt er durch Präsenz und Durchblick dafür, dass es nicht zu toll getrieben wird.

Dabei kann es nicht immer politisch korrekt zugehen. Gelegentlich muss das Kind auch beim Namen genannt werden, um jemanden aufzuwecken und aus einem absurden Spiel herauszuholen.

Alles ist im Fluss, nichts bleibt so, wie es ist und Vieles hat gleichzeitig mehrere in sich verknüpfte Auslöser und Konsequenzen. Der »Derwisch« im Manager hat das auf seinem Radarschirm.

Liwa Oasis,
Rub Al Khali, Western Region, Abu Dhabi, UAE
Im April 2009

Rolf Idris Rüttinger

**Knappheit, Präzision, dieses spezifische Am-Punkt-Sein machen die Durchschlagskraft, den Impact einer Botschaft aus.**

**Echte Eye-Opener garantieren finale und blitzartige Erleuchtungen.**

**Nur eine passgenaue Zielgruppenansprache führt zu Empathie und Commitment.**

Oder: Fasse dich kurz!

## Quick-Start Guide
**[Tips zum Lesen]**

Lieber Leser und Leser*,

was können Sie mit dem Buch machen und auch umgekehrt, was kann das Buch mit Ihnen machen?

**Beliebigkeit:** Das Buch ist in sich organisiert wie die Wirklichkeit. Ob Sie es von vorn, von hinten oder irgendwo in der Mitte beginnend angehen, ist völlig gleichgültig, denn das Durcheinander ist Programm. Zwar gibt es einen roten Faden, den der Autor aber leider auch nicht kennt.

**Pausen:** Beim Lesen werden unterschiedliche mentale Ebenen angesprochen. Witze werden Sie zum Lachen bringen, in anderen Fällen werden Sie am Hintersinn eines Beitrags hängen bleiben. Wann immer Sie etwas stutzig macht, legen Sie eine Pause ein. Es steht nirgends geschrieben, dass Sie mit diesem Buch in 20 Minuten durch sein müssen.

**Verstehen:** Sollten sich Sinn und Pointen nicht immer auf Anhieb erschließen, dann macht das gar nichts und ist normal. Manchmal lenkt das, was an der Oberfläche leicht erkennbar ist, von der eigentlichen Botschaft ab, die langsam anfängt, in Ihrem Unterbewusstsein zu arbeiten. Geht Ihnen dann später ein Licht auf, haben Sie schon etwas gelernt.

---

* Diese Anrede ist kein Fehler; sie hält sich an das grassierende Gleichstellungsdeutsch.

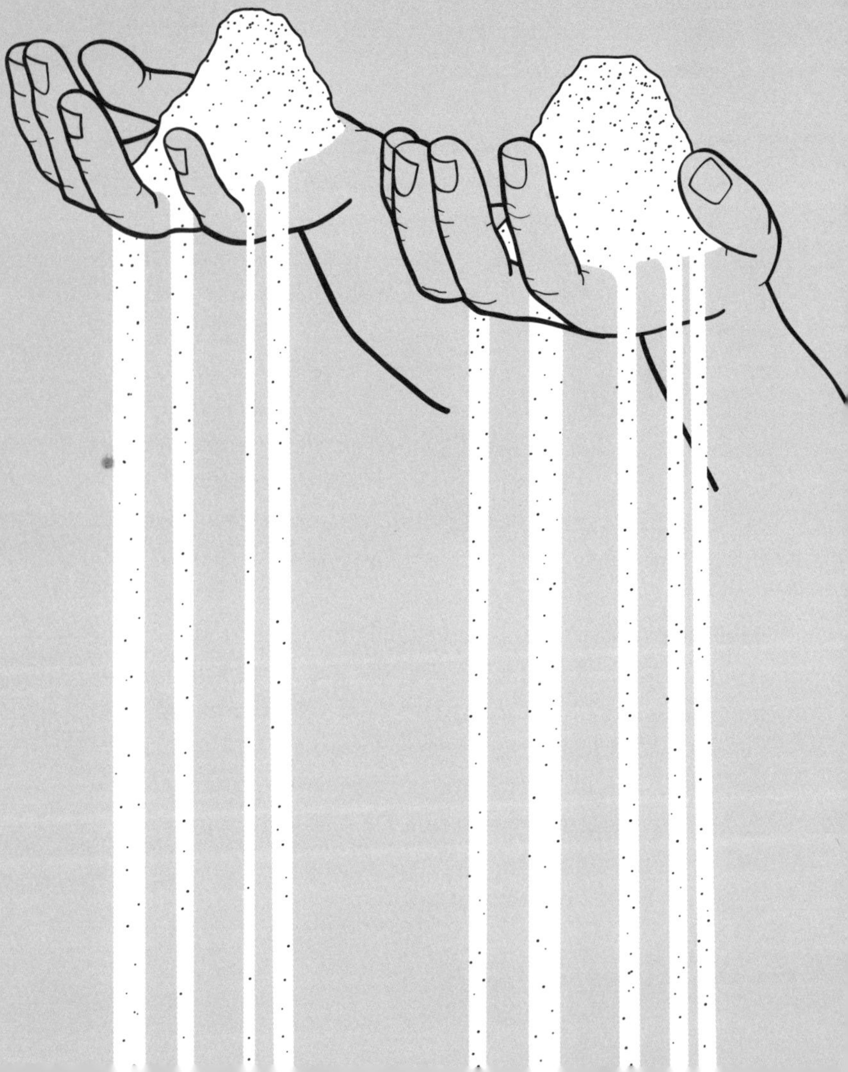

## Krise 1

Ein Unternehmer und sein Sohn blicken versonnen aus dem Fenster des Chefbüros auf eine weitläufige Fabriklandschaft:

- Schau mal, mein Junge, nichts davon wird dir jemals gehören.

## Psychologie

All people differ. Some differ more.

## Ewiges Leben

Affandi wird gefragt, wie man besonders alt werden könne:

- Kein Alkohol, kein Nikotin, keine Frauen.
- Und dann wird man wirklich alt?
- Nicht unbedingt; aber es kommt einem länger vor.

## More of the Same

Moderator in einem Workshop:

Zwar ist schon alles gesagt, aber noch nicht von allen*.

---

* Karl Valentin

## Das Vorbild

Chef an Mitarbeiter:

- Ich wäre nicht da, wo ich heute bin, wenn ich jemals Angst davor gehabt hätte, harte Arbeit an andere zu delegieren.

## Demokratie

Ich habe zwar keine Ahnung, aber eine Meinung.

## Entscheidungsdruck

Ich bin mir bei dieser Sache gar nicht sicher. Aber es könnte sein, dass ich genau damit voll daneben liege.

## Das Geheimnis

Seit Wochen geht im Betrieb das Gerücht um, der Chef wolle eine wichtige Erklärung über die Zukunft des Unternehmens abgeben. Endlich ist es so weit, die Belegschaft ist geschlossen angetreten, der große Vorsitzende tritt ans Mikrofon:

- Habt ihr eine Ahnung, was ich euch jetzt sagen werde?

- Nein, Chef, wir wissen von nichts.

- Wozu soll ich dann mit euch reden, wenn ihr sowieso nichts wisst?

Der Vorsitzende verlässt das Rednerpult und die Versammlung wird vertagt. Beim zweiten Treffen wiederholt der große Vorsitzende seine Frage. Die Mitarbeiter, inzwischen schlau geworden, antworten diesmal, dass sie sehr wohl wüssten, um was es gehen werde.

- Sehr schön, wenn ihr es schon wisst, dann brauche ich auch keine Rede darüber zu halten.

☞

Das Treffen wird wieder vertagt und die Mitarbeiter sind verwirrt. Das Ganze kommt ihnen spanisch vor und sie beschließen, ihren Oberboss beim Wort zu nehmen. Einige Tage später, beim dritten Mal, wieder die alte Frage. Da riefen die Mitarbeiter:

- Oh Chef, die eine Hälfte von uns weiß, was du uns sagen willst, aber die andere Hälfte hat keine Ahnung.

- Gut. Das ist ein Problem, das leicht zu lösen ist. Die erste Hälfte, die es weiß, sagt es einfach der anderen Hälfte.

## Learning by doing

Wenn jemand 40 Jahre lang etwas falsch macht, dann nennt man das Erfahrung.

## Symbolisches Management

Wenn in einem Meeting die Spannungen steigen, öffnen Sie ein Fenster, stehen Sie auf, machen Sie irgend etwas anders als sonst.

## Zu spät

Chef an Sekretärin:

- Bitte stellen Sie bis zu meiner Pensionierung keine Anrufe mehr durch.

## Intrinsisch

Er arbeitete so hart, dass er keine Zeit mehr hatte, Geld zu verdienen.

## Nullsummenspiel

Es war einmal ein Mann, der eröffnete ein Restaurant mit einer guten Küche, einem ansprechenden Ambiente und einem erstklassigen Menü.
Da kam einer seiner Freunde und sagte:

- Warum hängst du nicht ein Schild in's Fenster wie alle anderen Restaurants. Ich schlage vor:
***Restaurant: feinste Speisen.***

Das Schild wurde gemalt und aufgehängt.

Anschließend kam ein weiterer Bekannter:

- Warum wirst du nicht konkreter? Du meinst mit deinem Schild nicht irgendein Restaurant. Schreibe:
***Restaurant: feinste Speisen werden hier serviert.***

Der Text wurde erweitert.

Einige Wochen später kam ein weiterer Bekannter:

- Warum schreibst du ***Hier***? Jeder kann schließlich sehen, wo das Restaurant ist.

Das Schild wurde geändert.

Da kam wieder ein anderer Bekannter:

- Siehst du nicht, dass die Wörter ***Werden Serviert*** überflüssig sind. In allen Restaurants und Kaffeehäusern wird etwas serviert. Warum lässt du das nicht weg?

Das Schild wurde geändert.

Da kam wieder jemand:

- Warum betonst du ***Feinste***? Kritische Menschen könnten auf die Idee kommen, dass dies eben nicht der Fall ist.

Das Schild wurde geändert.

Da kam ein weiterer Besucher:

- ***Restaurant*** und ***Speisen*** kannst du dir sparen. Jeder sieht, dass dies ein Restaurant ist. Und was soll es da anderes geben als etwas zu essen?

Da nahm unser Mann das Schild aus dem Fenster.
Nachdem er viele Intellektuelle, Textkritiker, Semantiker und Linguisten kennengelernt hatte, verkehrt er heute nur noch mit zahlenden Gästen.

## Überhebung

Wenn Sie sich als Manager zum Therapeuten aufschwingen, machen Sie den Mitarbeiter zum Patienten.

## Das isses!

In einer Werbeagentur:

- Wir haben den Aspirin-Etat gewonnen!
Wie die neuesten Studien zeigen, bekommen die Leute Kopfweh bei unserer Werbung.

## Wachstum

Affandi studierte Arabisch in einer Medresse. Eines Tages wollte der Lehrer seine Kenntnisse prüfen und fragte:

- Affandi, wie heißt ein Kalb auf Arabisch?

Affandi wusste das nicht, antwortete aber geistesgegenwärtig:

- Die Araber warten, bis das Kalb erwachsen ist und dann nennen sie es eine Kuh.

## Der wahre Glaube

Ein Schwein zum anderen:

- Es würde mir nichts ausmachen, in einem fundamentalistisch islamischen Staat zu leben.

## Krise 2

Eine Krise kann jeder Idiot haben;
was uns zu schaffen macht, das ist der Alltag*.

---

* Anton Tschechow

## Politisch korrekt

Sie können nicht einfach sagen, dass jemand ein Trottel, ein Tepp sei. Er ist »intellectually challenged« (herausgefordert) oder »intellectually stretched« (gedehnt).

## Unverhofft kommt oft

Nichts geschieht wirklich zufällig und isoliert von anderen Ereignissen.

Der Grund dafür ist, dass es bei ***einem*** Auslöser eine Unzahl von Wirkungen gibt, gewollte und ungewollte, positive und negative, offensichtliche und solche, die sich nicht sofort erschließen. Oder anders ausgedrückt: Man kann realistisch nicht nur ***eine*** Wirkung wollen und alle anderen ignorieren und ausschließen. Wenn man Pech hat, überwiegt die ungewollte die gewollte Wirkung bei weitem.

Praktische Quintessenz:

Es ist viel wichtiger, sich mit den möglichen Auswirkungen einer Maßnahme eingehender zu befassen. Die Wirkungen sind interessant, nicht unbedingt die Ursache, denn die bleibt sich immer gleich.

## No Zero Defects

Wer sich verirrt, entdeckt neue Wege.

## Ganz locker im Hier und Jetzt

Die Gegenwart ist das Einzige, was kein Ende hat*.

---

* Erwin Schrödinger

## Der Kommunikator

Das Erzählen einer Geschichte hatte bei ihm häufig nichts mit dem Verstehen dieser Geschichte zu tun.

## Hard Ball

Wenn Sie es unbedingt darauf ankommen lassen wollen, mein Lobbyist kann Ihr Team von Rechtsanwälten jederzeit alt aussehen lassen.

## Sie haben auch recht!

Es ist modern, von Gott und der Welt beurteilt zu werden. Kunden, Mitarbeiter, Kollegen und Chefs geben Ihnen Feedback. Dieses Feedback eins zu eins umzusetzen, kann ein schwerer Fehler sein.

Aus der jeweiligen Perspektive des anderen ist das Feedback durchaus richtig. Aber ist es für Sie auch das Richtige? Denn andere verfolgen auch nur ihre Interessen.

Wo liegen ***Ihre*** Interessen, was möchten Sie für sich erreichen, was stabilisiert Ihr Selbstbild, was verunsichert es? Was am Feedback anderer regt Sie zum Nachdenken an, was macht Sie neugierig, Modelle, Annahmen und Vorurteile zu überprüfen? Was erleben Sie als ungerecht, als Anmaßung, als Übergriff?

Springender Punkt dabei ist, das Feedback anderer mit dem eigenen Selbstkonzept, mit den eigenen Zielen zu ***integrieren.*** Sonst führt das Feedback zu angelerntem rezepthaften Verhalten. Man spürt, dass Sie auf einem Seminar waren und einige neue Sprüche gelernt haben. Andere merken die Absicht und sind verstimmt.

☞

Häufig haben wir Ziele (Erfolg, Anerkennung, Profilierung u.ä.), die durchaus in Ordnung sind.

Nur die Wege, dahin zu kommen, können leicht kaputt, dysfunktional und unproduktiv sein. Von anderen können die kritischen Hinweise kommen, wie wir unsere Ziele direkter, effektiver und mit weniger Umwegen erreichen.

Oder mit anderen Worten:
Nur wer sich ändert, bleibt sich treu.

## Niemand ist unnütz

Lassen Sie sich die Fehler anderer eine Warnung sein, damit Sie nicht selbst zur Warnung für andere werden.

## Was immer Sie auch meinen

Was sich überhaupt sagen lässt, lässt sich klar sagen,
und wovon man nicht reden kann,
darüber muss man schweigen*.

---

* Ludwig Wittgenstein, 1921

# Krise 3

Wenn man das Licht am Ende des Tunnels schon sieht, sollte man den Tunnel nicht verlängern.

## Voll da

Chef an einen Mitarbeiter:

- Wenn Sie leistungsfördernde Drogen kennen, dann würde ich sie nehmen.

## Virtuell oder wirklich?

Gerade in Konfliktsituationen, für die es typisch ist, über die vermeintlich finsteren Motive anderer zu spekulieren und psychologische Privattheorien aufzustellen, macht es Sinn, mit dem anderen direkt zu reden, um die inzwischen entstandenen Modelle im Kopf über den jeweils anderen auf ihren Realitätsgehalt zu überprüfen.

## Unfinished Business

Wenn Sie sich besser kennenlernen wollen, achten Sie besonders auf Widerstände, Widersprüchliches, scheinbar Unverständliches, auf Unfertiges, Blockaden, lose Enden und verworfene oder vergessene Ideen –

sie haben ihren Sinn, sie kommen wieder.

## Tapferes Opfer

Wenn ich mehr Zeit hätte, würde ich mir richtig leid tun.

## Du-Botschaft

Und jetzt sollten wir aber auch mal über ***Sie*** reden.
Wie finden ***Sie*** mein neues Projekt?

## Drangvolle Leere

Ein Mann, der sich für sehr weise hielt und entsprechend abgehoben und überheblich auftrat, besuchte einen Derwisch, um von ihm die letzten Geheimnisse der menschlichen Existenz zu erfahren.

Da sprach der Derwisch:

- Ich kann dir nicht helfen, denn in einen vollen Topf passt nichts mehr rein.

## Zarter Hinweis

Affandi war bei einem Mullah in Samarkand zu Gast. Der fromme Gastgeber erzählte bis zum späten Abend über die Priester, die einst in Samarkand gelebt hatten, so dass er vergaß, den Gast zu bewirten. Da Affandi einen Bärenhunger hatte, fragte er zwischendurch:

- Verehrter Meister, gestatten Sie mir eine kleine Frage, haben diese weltbekannten Sufis auch etwas gegessen?

## Familienchef

Wer eine Cousine ist, bestimme ich*.

---

* aus Peter Esterhazy »Harmonia Caelistis«

## Added Value

Intrafat war die 100%-Tochter eines deutschen Pharma-Herstellers, der einen beliebten Cholesterinsenker im Portfolio hatte – und damit gutes Geld verdiente. Da die entsprechenden Patente in den nächsten Jahren leider auslaufen würden, hatte man sich rechtzeitig an einem Biotech-Startup beteiligt. Doch ein Ersatz für den Cholesterinsenker war nicht in Sicht.

Intrafat, eine Bratwurstkette, hatte daher in Deutschland und im angrenzenden EU-Raum 347 Outlets eröffnet. Trotz eines aufwendigen Kundenbindungsprogramms, nämlich »Meat and More«, konnten die angepeilten Zahlen nicht erreicht werden. Für eine Bratwurstkette gab es einfach zu viele lokale Wettbewerber.
Da man damals noch glaubte, wahres Wachstum gäbe es nur in Asien, gelang es, Intrafat an einen japanischen Halbleiter-Hersteller zu verkaufen, der schon lange auf der Suche nach einem nicht so zyklisch schwankendem weiteren Standbein war. Intrafat, weil es einfach globaler und freundlicher klang, wurde in Juicy umbenannt. Der Firmensitz verlagerte sich; nur die Bereiche General Services und Compliance verblieben vorerst in Deutschland.

Aus der berühmten Kaderschmiede General Electric warb man einen talentierten Business Development Manager ab, der auf den riesigen einwohnerstarken indonesischen Markt angesetzt wurde. Übersehen wurde, dass man dort glaubte, keine Bratwürste essen zu dürfen, weil in ihnen Schweinefleisch vermutet wurde. Die deutschen Expats in Indonesien konnten die schwache Entwicklung von Juicy nicht aufhalten und im Board des Halbleiter-Herstellers setzte sich die Meinung durch, dass das Braten von Würsten nicht dem Kerngeschäft und nicht den Kernkompetenzen des Unternehmens zuzurechnen wäre.

Mit Hilfe von Goldman Sachs wurde Juicy an eine amerikanische Brauerei verkauft, die auf den natürlich erscheinenden Bedarfszusammenhang von Bratwürsten und Bier setzte. In Milwaukee wurde eine Marktforschungsstudie zur Frage »Würden Sie Ihren Nachbarn den Verzehr von Bier und Bratwürsten zutrauen?« in Auftrag gegeben. Das Echo war positiv und man entschloss sich, als Testmarkt ins gesundheitsbewusste Kalifornien zu gehen. Ausschlaggebend dafür war die Hypothese, als Nischenanbieter gute Chancen zu haben, wenn gerade dort den Verbrauchern, denen Salate und Säfte allmählich zum Halse heraushingen, eine echte Alternative offeriert werden würde.

Doch es kam anders. Das Business konnte bestenfalls als »slow« bezeichnet werden. Nachdenklich geworden, startete man in Milwaukee eine weitere Marktstudie, und zwar mit der Frage:
»Essen Sie selbst Bratwürste und trinken Sie dazu Bier?«

Diese Analyse führte dann zu wahrhaft ernüchternden Resultaten.
In dieser Phase bekam Locust Unlimited, ein Hedge-Fond, Wind von der entstandenen Schieflage und erwarb Juicy für ein Butterbrot. Im Partnerrat von Locust schlug jemand vor, Juicy gründlich zu sanieren und eine vernünftige Business-Strategie zu entwickeln. Daraufhin erklärten ihn die anderen Partner für verrückt: »Juicy is for selling only.«

## Aha!

Nach einer Präsentation:

- Nach wie vor ist mir vieles völlig unklar, aber jetzt natürlich auf einem ganz anderen Niveau.

## Autark

Alle Antworten stecken in Ihnen.

Prinzipien, Theorien, Kategorisierungen, Erklärungsmodelle und Etikettierungen sind nützlich, so lange sie nicht zur Falle für Sie werden.

## Alte Zöpfe

Bei vielen Ritualen handelt es sich um eine Sache, an die häufig niemand glaubt. Jeder für sich weiß, dass es Quatsch ist. Aber alle glauben, dass alle anderen daran glauben.

## Durch Sonne und Mond

Ein Mann fragte Affandi:

- Was von beiden ist nützlicher, die Sonne oder der Mond?

Nachdem er lange nachgedacht hatte, antwortete Affandi:

- Meiner Meinung nach ist der Mond nützlicher als die Sonne. Die Sonne geht am Tag auf, wenn es überall sowieso hell ist. Der Mond aber erhellt die Dunkelheit der Nacht.

## Krise 4

Sie beschweren sich immer wieder darüber, dass Sie von mir zu wenig erfahren, dass ich Sie nicht informiere.

Das verstehen Sie falsch.

Sie sollten froh sein, dass Sie nicht alles wissen.

# Quick Fix

Das Offensichtliche ist die Brücke zur wahren Wirklichkeit.

Das setzt natürlich voraus, dass man sein Bewusstsein nicht völlig mit der Beobachtung des Gewölks im eigenen Hirn auslastet.

## Viva Italia

Nachdem wir in unserem Casino Espresso und Cappuccino eingeführt haben, ist unser Umsatz um 17% gestiegen.

## Kreative Spannung

Toleranz ist der nagende Verdacht,
der andere könnte Recht haben.

## Was ist Ihr Ding?

Den einzig richtigen Führungsstil gibt es nicht. Anstatt noch so trendigen Ideen nachzueifern, ist es besser, ausgehend von Ihrer Aufgabe, Ihrer Persönlichkeit, Ihren Hoffnungen und Problemen einen Stil zu entwickeln, der einzigartig und stimmig ist.

Über die Akzeptanz bei anderen werden Sie sich wundern, denn andere werden auf Dauer verstehen, dass Sie nicht unbedingt immer einen auf »Human Relations« oder »soziale Kompetenz« machen, sondern dass Sie es gelegentlich auch ernst meinen.

## Eigentlich verlangt niemand, dass Sie blöd sind

Gesetzt den Fall, Sie haben in letzter Zeit häufiger den Eindruck, dass man Ihnen, meist auf hohem Niveau, die Geschichte vom Pferd erzählt. Und dass andere unterschwellig und ohne böse Absicht offenbar davon ausgehen, dass Sie nicht dabei waren, als der tiefe Teller erfunden wurde.

Was tun?

Wenn Sie schweigen, sich Ihren Teil denken, sich vielleicht sogar amüsieren, das Ganze als gelungene Realsatire erleben, neutralisieren Sie sich selbst. Ihr Schweigen könnte als Zustimmung aufgefasst werden. Dann verstärken Sie genau das, was Ihnen auf die Nerven geht.

## Strategisch

- Ich kann im Dunkeln sehen.

- Warum läufst du dann im Dunkeln mit einer Lampe herum?

- Damit ich von anderen nicht über den Haufen gerannt werde.

## Großzügig

Andere wären froh, wenn sie das wüssten,
was ich schon vergessen habe.

## Kundenorientierung

Eine alte, traditionelle Regel besagt ja:
Der Markt hat immer recht.

Aber eigentlich sind wir keine alte, traditionelle Firma.

## Vertrauenskultur

- Guten Morgen!
- Wie meinen Sie das ???

## Kurzer Prozess

Ein Mann fragte Affandi:

- Affandi, wo soll ich bei einer Beerdigung stehen, vor oder hinter dem Sarg?

- Du kannst stehen, wo du willst. Die Hauptsache ist, du liegst nicht drin.

# Fihi ma Fihi*

In jedem Problem steckt die Lösung.
Denn: Was drin ist, ist drin.

---

* Titel eines der Hauptwerke von Maulana Dschelaluddin Rumi (1207 – 1275)

## Der Unterschied, der einen Unterschied macht

Viele Probleme treten nicht immer auf.
Manchmal klappt alles.
Was ist dann anders?

## Suchen Sie auch im Dunkeln.

Nachts kniet Affandi unter einer Straßenlaterne.
Ein Nachbar kommt dazu und fragt:

- Was suchst du?
- Meinen Hausschlüssel.

Daraufhin knien beide am Boden und suchen. Vergeblich.

- Wo hast du denn deinen Schlüssel zuletzt gehabt?
- Am Hauseingang.
- Und warum suchen wir nicht dort?
- Weil es dort dunkel ist.

## Der Neue

Dem Unternehmen geht es nicht gut. Die neue Strategie schlug nicht ein, die Kosten laufen davon und ein guter Teil des alten Vorstands ist schon nicht mehr im Haus.

Der Aufsichtsrat hat einen Sanierer engagiert. Er ist seit einigen Tagen da, aber so richtig gesehen hat ihn noch niemand.

Mit der zweiten Führungsebene hat er am Freitag um 17 Uhr ein Meeting anberaumt. Die Hauptabteilungsleiter versammeln sich pünktlich und blicken auf einen Tisch, auf dem mindestens ein halber Meter an Ordnern steht.

Der neue CEO erscheint pünktlich bis auf die Sekunde, setzt sich hinter den Tisch und wischt wortlos mit einer kraftvollen Armbewegung die Ordner vom Tisch und lässt sie in einen riesigen Papierkorb krachen.

Er stellt sich dann vor und lässt ein Blatt verteilen, auf dem alles steht.

## Bedingt positives Feedback

Wenn Sie so weitermachen,
werden Sie eines Tages fast so gut wie ich sein!

## Verdeckte Botschaften

Das Weiße zwischen den Zeilen eines Textes kann die eigentliche Botschaft sein.

## I can't get away from me

Wie schnell, wie athletisch Sie auch immer rennen, Ihren Füßen können Sie nicht davonlaufen.

Oder m.a.W.:
Was immer Sie vorhaben, lassen Sie sich selbst nicht stehen.

## Kandidatenfrage

Fragen Sie einen Bewerber doch einmal, was sich im Unternehmen, in der Abteilung nicht ändern, nicht besser werden, nicht passieren würde, käme er nicht an Bord.

## Frustriert

Ironie ist die sanfte,
meist vergebliche Rache enttäuschter Idealisten.

## Out of the Box

Consultants raten, gelegentlich außerhalb ausgetretener Pfade und Schablonen zu denken.

Aber es gibt einen noch besseren Rat:
Schmeißen Sie Ihre Box gleich überhaupt weg.

## Dominant

Nun reden Sie doch nicht weiter,
wenn ich Sie schon unterbreche!

## Management by Surprise

Ein Mitarbeiter von Henry Ford hatte einen teueren Bock geschossen. Der junge Mann war verzweifelt und völlig zerknirscht. Er bot an, von sich aus aus dem Unternehmen auszuscheiden.

Henry Ford:

- Aber lieber Freund, Sie werden uns doch nicht verlassen wollen, nachdem wir gerade Millionen in Ihre Ausbildung gesteckt haben.

## Kundenzufriedenheit

Nach dem wir die Beschwerdeformulare wieder zurückgezogen haben, ist die Kundenzufriedenheit um 17% gestiegen.

## Psychologen und Derwische

Gemeinhin bemühen sich Psychologen nur darum, ein verbogenes Rad wieder einigermaßen ruhig laufen zu lassen.

Derwische dagegen wollen das Rad zum Laufen bringen, um es zu belasten, um damit etwas zu transportieren.

## Krise 5

Abteilungsleiter an Trainee:

- Während der letzten 11 Monate haben Sie eine Reihe von Abteilungen durchlaufen, waren an drei Projektarbeiten beteiligt und haben alle Goldfischteich-Seminare besucht. Und heute machen wir Bankrott, damit Sie das auch noch lernen.

## Der Naive

Weil er vieles verstand, glaubte er, für vieles auch Verständnis haben zu müssen.

## Unternehmensentwicklung

1980 Schweinehandel eGmbH
1990 Hogotronics, Inc.
2000 hogs. com
2010 Hogs Business Solutions

## Beraterschicksal

Lieblingsideen, die man selbst nie realisiert hat, verkauft man anderen besonders gern.

## Balance

Ein Gleichgewicht ist nur herzustellen, wenn gleichzeitig eine dynamische Entwicklung in Gang gesetzt wird. Ohne Entwicklung gibt es auch kein Gleichgewicht.

Denn:
Es muss sich ständig etwas ändern, damit alles wenigstens so bleibt, wie es ist.

## Jede Gefälligkeit rächt sich

Der Undank steht meistens in keinem Verhältnis zu den vorher erfolgten Wohltaten*.

---

* Karl Kraus

## Job Export

Meier, wir haben festgestellt, dass wir für jemanden, der den ganzen Tag Kaffee trinkt und über Fußball redet, im Ausland nur einen Bruchteil Ihres Gehalts zahlen müssten.

## Führungsstile

Lieber ein echter Autoritärer als ein falscher Kooperativer.

## Wahrscheinlich sind Sie intelligenter als Ihre Organisation

Experiment in den USA:

Die Mitglieder einer Gruppe wurden vor ihrer gemeinsamen Sitzung jeder einzeln auf ihre Intelligenz getestet. Der IQ lag bei allen über 120 (sehr intelligent).

Während der Sitzung sank der IQ im Schnitt auf 68 (bereits debil).

Fachleute nennen das »geschulte Inkompetenz«.

An dem krassen Satz »Konsens ist Nonsens« könnte also was dran sein. Oder?

Ziel aller Trainings, Team- und Organisationsentwicklungen kann es nur sein, dass jemand in der Gruppe mindestens genauso intelligent, phantasievoll und spontan ist wie als Einzelperson.

## Think!

Ein anatolischer Bauer erzählt seinem Freund, dass er schon seit längerem Schmerzen im Gesäß habe, ein eigenartiges Ziehen und Stechen.

Der Freund rät ihm, zu einem Psychiater zu gehen.

Nach eingehender Exploration diagnostiziert der Psychiater: Der Bauer hasst seine Mutter. Der gibt dann auch noch zu, dass er schon öfter seine Mutter hätte erwürgen können.

Da der Psychiater eine teuere psychoanalytische Spezialausbildung hat, rät er dem Bauern zu einer zweijährigen Behandlung mit anfänglich fünf Sitzungen pro Woche. Die Prognose ist günstig; der Bauer ist noch nicht zu alt für eine Analyse.

Anschließend geht der Bauer zu seiner Mutter und erzählt ihr alles. Sie verprügelt ihn. Die Diagnose des Psychiaters gewinnt an Plausibilität.

Verzweifelt sucht der Landmann dann Trost bei seiner Frau, aber die verprügelt ihn auch.

Allerletzter Rettungsanker ist seine Tochter. Und die sagt ihm: Ich werde dich nicht auch noch verprügeln. Aber ich geb dir einen Rat. Gehe in Zukunft ***hinter*** deinem Esel.

## Flexibilität

Lieber manchmal ein kreatives Chaos
als ständig eine passive Ordnung.

## 100%

Wenn Sie einer Sache vollkommen sicher sind, dann ist der Moment gekommen, gegenüber der eigenen Sicherheit vorsichtig zu werden.

## Sie sind nicht immer Schuld

Wenn sich ein Problem allen Lösungsversuchen widersetzt:

- Wen beschützt das Problem?
- Wer hat Vorteile daraus, dass das Problem nicht gelöst wird?
- Welche Teile des Systems werden durch das Problem vor Veränderung bewahrt?
- Was würde fehlen, gäbe es das Problem nicht?

## Emotional intelligent

Was der Produktionsleiter ***sagt:***

- Unser Total-Quality-Ansatz stößt immer wieder dann an seine Grenzen, wenn es sich um komplexe Module handelt. Ich bin nicht glücklich darüber, dass hier eine Lücke klafft zwischen unserer Philosophie und deren Realisierung in allen Stufen der Produktion.

Und was er ***meint:***

- Helmut, in deinem Bereich schieben wir eine Pleite nach der anderen. Mich ärgert das. Was hälst du davon, wenn sich einer deiner Ingenieure endlich darum kümmert?

## Coaching

Hauptabteilungsleiter (HAL) und Abteilungsleiter (AL)

HAL: Ich habe den Eindruck, dass Sie Ihren Laden nicht im Griff haben.

AL: Wie kommen Sie da drauf?

HAL: Ihre Mitarbeiter machen, was sie wollen.
Da ist kein Zug drin.

AL: Wieso?

HAL: Schauen Sie, in meinem Bereich gibt es gewisse Gepflogenheiten, gewisse Usancen, wie wir an die Dinge herangehen. Ich sorge beispielsweise immer dafür, dass Zuständigkeiten eindeutig sind, dass immer klar ist, wer die Verantwortung hat. Die Mitarbeiter wissen immer, was ihr Job ist.

AL: Und?

HAL: Und ich lege Wert auf einen einheitlichen Methodenstandard. Es dürfte Ihnen nicht verborgen geblieben sein, dass wir für neue Techniken und Verfahren in den letzten Jahren eine Menge Geld ausgegeben haben.

AL: Ein Großteil der neuen Techniken funktioniert bei mir nicht. Wir müssen vernetzt arbeiten. Was würden Sie an meiner Stelle tun? Sie haben ja in diesem Geschäft eine lange Erfahrung

HAL: Darum geht es jetzt nicht.

AL: Ich möchte auch gar nicht, dass Sie sich meinen Kopf zerbrechen. Ich möchte Sie nur besser verstehen. Worüber machen Sie sich Sorgen?

HAL: Das ist gar nicht so einfach. Wie Sie wissen, fahren wir z.Zt. eine Menge kritischer Projekte. Wir stehen unter Druck.

AL: Das sehe ich genauso wie Sie. Allein in meiner Abteilung ist der Aufwand für Koordinierung beträchtlich. Was könnte jetzt schlimmstenfalls passieren?

HAL: Dass wir in's Schleudern kommen. Dass wir den Überblick verlieren.

AL: Könnte es sein, dass Sie Angst davor haben, dass ***Sie*** den Überblick verlieren?

HAL: Da ist was dran.

AL: Das kann ich gut verstehen. Manchmal beneide ich Sie nicht. Wenn wir einmal davon ausgehen, dass der gesamte Bereich effektiv arbeitet, was würde Ihnen jetzt helfen, dass Sie alles mit mehr Gelassenheit sehen?

HAL: Manchmal habe ich den Eindruck, dass ich zu weit weg bin. Ich kann den Projektfortschritt im Einzelfall nicht beurteilen.

AL: Und was möchten Sie jetzt?

HAL: Mehr Information.

AL: Und wie könnten Sie sich das vorstellen?

HAL: Ich brauche über die Meetings hinaus regelmäßige Status-Reports. Ich brauche die Zeit, um mich mit diesen Berichten eingehend beschäftigen zu können, um notfalls eingreifen zu können.

AL: Was hindert Sie daran, von den Abteilungsleitern regelmäßig diese Berichte zu verlangen?

HAL: Eigentlich nichts.

AL: Dann ist klar, worüber wir beim nächsten Meeting sprechen werden.

HAL: Ich danke Ihnen für dieses Gespräch.

## Nebenwirkung

- Hat die Bananen-Diät deiner Frau etwas gebracht?

- Nichts.
Sie hat kein Gramm abgenommen. Aber du solltest sie jetzt sehen, wie schnell sie auf Bäume klettert!

## Der Mediator

Unterwegs stieß Affandi auf zwei Jungen, die sich wegen einer Nuss schlugen. Affandi verhandelte mit beiden, brachte sie zur Ruhe, nahm die Nuss, teilte sie gleichmäßig und gab den Jungen je eine Schale. Den Nusskern aber legte er in seinen Mund und sagte:

- Das ist der Preis dafür, dass ich euch beruhigt habe.

## Hohe Frustrationstoleranz

Zwei Wanderer sind auf dem Weg zwischen Salalah im Oman und Abu Dhabi am Arabischen Golf.

Nach drei Wochen Marsch durch das »Leere Viertel« sagt einer zum anderen:

- Du, halt mal. Ich glaube, ich habe Sand im Schuh.

## Skeptiker

Ob wir wirklich erfolgreich ***sind,*** weiß ich nicht.
Aber im Augenblick ***haben*** wir Erfolg.

## Intelligenz

Man muss nicht jeden Fehler selbst gemacht haben, um zu wissen, dass es ein Fehler ist.

## Moments of Excellence

Sekretärin an Besucher:

- Gehen Sie jetzt zu ihm rein. Sie haben genau 20 Minuten Zeit. Das Coffein fängt gerade an, bei ihm zu wirken.

## Resilienz

Störungen, Abweichungen, Verwerfungen und vorübergehendes Chaos halten gerade in turbulenten Zeiten ein System auf Trab und stärken es damit. Ruhe, Ordnung und lautlose Routine schwächen dagegen die Überlebensfähigkeit. Das System lernt immer weniger, die Immobilität nimmt zu – was in einem unvorhersehbaren und instabilen Umfeld das Aus bedeuten kann.

## Der nicht ganz unschuldige Beobachter

Werfen Sie doch gelegentlich einen Stein ins Wasser und schauen Sie zu, wie weit die dadurch ausgelösten Wellen reichen.

## Macht der Gewohnheit

Coaching is a way of living.

# Krise 6

Auf einer Betriebsversammlung:

- Meine Freunde, ich möchte bekannt geben, dass wir vollständig automatisieren. Alle Prozesse werden in Zukunft von Automaten ausgeführt. Das ist besser, schneller, profitabler und nervenschonender.

Da riefen die Mitarbeiter:

- Und was wird aus uns?

- Für euch ändert sich fast nichts. Ihr habt halt keine Arbeit mehr. Aber die Kantine bleibt offen und der Betriebssport geht weiter. Am Freitag kommt ihr und holt euer Geld ab.

In diesem Moment sprang der sowieso schon freigestellte Betriebsrat auf und fragte misstrauisch:

- ***Jeden*** Freitag?

## Visionen

| | |
|---|---|
| Version A: | Wir überleben! |
| Version B: | Wir machen nicht Pleite! |

Welches ist wirklich eine Vision?

Warum?

## Hidden Agenda

Mahmud, ein Teppichhändler im Souk von Aleppo ließ mit Wohlgefallen seinen Blick schweifen. Er hatte einen schönen Laden.

Da fiel ihm auf, dass einer seiner Teppiche nicht völlig flach da lag. Er hatte eine Welle geworfen, eine kleine Beule.

Mahmud schlug mit der Hand auf die Beule – und die Beule war weg.

Nach einiger Zeit schaute er wieder zu diesem Teppich hin. Und siehe da, eine neue Beule war da. Nur an einer anderen Stelle des Teppichs. Mahmud klopfte wieder drauf und die Beule war weg.

Das wiederholte sich noch mehrere Male, immer an einer anderen Stelle des Teppichs.

Da hob Mahmud den Teppich auf und sah nur noch, wie eine kleine Schlange blitzschnell verschwand.

## Nicht so aktives Zuhören

Personaler an Kandidaten:

- Was haben Sie gerade gesagt? Sie wären manchmal ein guter Zuhörer und manchmal nicht?

## Uff!

- Intoleranz treibt mich auf die Palme.

- Ich verlange von Ihnen, dass Sie selbständiger werden. In vier Wochen werde ich Sie wieder darauf ansprechen.

- Auch in einer »Lernenden Organisation« wie wir es sind, gelten die Stellenbeschreibungen.

- Sie müssen sich gewaltig anstrengen, um endlich etwas lokkerer zu werden.

- Im Rahmen des Projekts »Flache Hierarchie« ziehen wir eine neue Leitungsebene ein.

- Ich werde einfach nicht damit fertig, dass die Frau Hirndirm so nachtragend ist.

- Nun sind Sie doch, verdammt nochmal, ein bisschen freundlicher!

- Der Vorstand hat entschieden, dass bei uns in Zukunft partizipativ geführt wird.

## Krise 7

Negative Energie verbreitet sich meistens ungezielt und schnell. It's going from bad to worse, vom Regen in die Traufe, bevor es besser wird, wird es schlimmer.

Positive Energie dagegen entwickelt sich gezielt.
Nachteil: Sie ist langsam.

Es geht also darum, dass die positive die negative Energie ein- und überholt.

Das ist professionelles Krisen-Management.

## Entscheidungskompetenz

Lieber ungefähr richtig, als genau falsch.

## Krise 8

Chef an neuen Mitarbeiter:

- Sie wissen, am Start wird Ihr Einkommen niedrig sein. Aber mit etwas Glück werden wir dann versuchen, dass Sie Ihr Gehaltsniveau halten können.

# Bedürfnispyramide

Nach dem Nachmittagsgebet kommt der Mullah aus der Moschee. Da spricht ihn ein Bettler an und bittet um eine milde Gabe.

Mullah: Bist du ein extravaganter Typ?
Bettler: Oh ja.
Mullah: Hast du ein Handy?
Bettler: Klar.
Mullah: Fährst du in Urlaub?
Bettler: Ich sage nur »Las Vegas«.
Mullah: Triffst du dich mit deinen Freunden im Kaffeehaus?
Bettler: Täglich.
Mullah: Trinkst du dort auch Alkohol?
Bettler: Scotch. Ihr wisst doch, oh Mullah »Don't be vague, ask für Haig[*]«.

Daraufhin gab der Mullah dem Bettler ein großes Goldstück.

Ein anderer Bettler hatte das Gespräch belauscht und das große Goldstück gesehen. Auch er versuchte es jetzt.

---

[*] Haig ist eine traditionelle schottische Whiskymarke

Mullah: Bist du ein extravaganter Typ?
Bettler: Niemals.
Mullah: Hast du ein Handy?
Bettler: Wovon soll ich das bezahlen?
Mullah: Fährst du in Urlaub?
Bettler: Ich habe unser Dorf noch nie verlassen.
Mullah: Triffst du dich mit deinen Freunden im Kaffeehaus?
Bettler: Ich weiß gar nicht, wo das Kaffeehaus ist.
Mullah: Trinkst du Alkohol?
Bettler: Noch nie ist ein Tropfen Alkohol über meine Lippen gekommen.

Daraufhin gab der Mullah dem Bettler einige kleine Blechmünzen. Da beschwerte sich der Bettler.

- Mir gebt ihr fast nichts. Mir, der ein gottesfürchtiges und kärgliches Leben führt. Mir, der ich ein guter Moslem bin. Am Tag des Gerichts (Jüngster Tag) wird Allah »Mein Sohn« zu mir sagen und ich werde eingehen ins Paradies, wo viele Mädchen auf mich warten, deren Jungfräulichkeit sich täglich erneuert.

Worauf der Mullah sprach:

- Das mag schon sein. Aber dein Kollege hatte einfach viel größere Bedürfnisse.

## Praktische Philosophie

Glück ist nonlinear.
Man darf nicht darauf hoffen, muss aber damit rechnen.

## Sozialisation

Einer alten Frau flog ein Falke zu. Sie beschnitt ihm die Krallen, den Schnabel und das Gefieder.

- So, jetzt siehst du schon eher wie eine Taube aus.

## Potenzialanalyse

Führungskraft an Mitarbeiter:

- Ich bin verblüfft. Ihre Performance, Ihr Erfolg und Ihre Integrität übersteigen bei weitem Ihr Potenzial.

## Such's Problemerl, such's!

Sie erzählen Ihrem Hund am Abend eine Geschichte.
Er hört aufmerksam zu.

- Im Vorstand tobt seit Monaten ein Kampf um die neue Strategie im Unternehmen. Es haben sich mehrere Lager gebildet. Die jeweiligen Hausmächte rücken näher zusammen.

Auch auf der mittleren Führungsebene kracht es; aber lautlos. Die abteilungsübergreifende Kommunikation ist praktisch zusammengebrochen.

Dies bleibt der Abteilung »Corporate Learning« nicht verborgen. Sie verordnet den Abteilungsleitern ein Seminar in Konfliktmanagement. Für später ist an eine Teamentwicklung gedacht.

Die Seminare laufen nicht gut. Schließlich trennt man sich vom Trainer.

Am Ende Ihrer Story knurrt Ihr Hund, was fast so klingt wie »So was!«.

## Mediation

Zwei Ihrer Mitarbeiter streiten sich. Sie lösen den Konflikt. Ihr Vorschlag wird von den beiden Streithähnen akzeptiert.

Was haben Sie gelernt?
Wahrscheinlich, dass Sie ein guter Konflikt-Manager sind.

Und was haben die beiden Mitarbeiter gelernt?

## Win-Win

Zwei Manager in ihrer Gefängniszelle:

- Bei dem, was wir verbrochen haben, gab es eigentlich keine wirklichen Opfer – wenn man einmal vom Vorstand und den Aktionären absieht.

## Verwirrt

Es gibt immer wieder Menschen, die sich verzweifelt hinter einem Busch suchen, hinter dem sie sich gerade versteckt haben.

## Grausame Spiele

In einem Meeting beschleicht Sie zunehmend ein Gefühl der Unwirklichkeit. Sie kennen sich nicht mehr aus. Manchmal hört man es klatschen, jemand keucht, gelegentlich wird gestöhnt, aber man sieht nichts. Sie verstehen immer weniger, was Ihre Kollegen sagen. Das macht Sie unsicher. Sie kennen die anderen und wissen, dass sie eigentlich nicht Anhänger des Prinzips »Ich ahne, was ich meine« sind.

Dann schalten wir einmal auf das 2. Programm um. Das ist das eigentliche Programm und es läuft unter dem Tisch. Wer ist hinter wem her, wer teilt aus? Wer steckt ein, ohne sich zu mucksen? Wer streitet sich mit wem? Wer greift besänftigend und vermittelnd ein?

Langsam schält sich eine Struktur heraus, aber sie wechselt ständig. Welches Motto würden Sie dem Geschehen geben? »Dich krieg ich«, »Das lass ich mir nicht an's Bein schmieren, nicht von dir«, oder »Ich kann nichts dafür«, »That's not my department«, »Ich Armer«. Ein anderer hat vielleicht ein Manuskript mit dem Titel »Lasst mal Papa ran« oder »Ich will euch doch nur helfen«.

Und jetzt kommen wir zum interessantesten Part.

Was geben Sie heute?

☞

Den unschuldigen, naiven Beobachter, der trotzdem gelegentlich sein Fett abbekommt oder mischen Sie kräftig mit und tun sich keinen Zwang an? Oder haben Sie schwache Nerven und Angst vor einem echten Zerwürfnis und rufen ein um's andere Mal "Vertragt euch halt"?

Was tun?

- Gehen Sie aus Ihrer alten Rolle raus. Greifen Sie nicht mehr an, verteidigen Sie sich nicht, meinen Sie es nicht mehr gut.

- Stellen Sie Fragen, die dazu beitragen, den Sachverhalt differenziert zu klären.

- Ermuntern Sie andere, aus der Deckung heraus zu gehen und allgemeinverständlich zu artikulieren, was sie in dieser Situation wirklich möchten, was ihr Ziel ist.

- Geben Sie Ihren Kollegen Feedback darüber, wie sie gerade von Ihnen erlebt werden. Dabei lässt sich vielleicht der eine oder andere freundschaftlich auf den Arm nehmen.

- Helfen Sie anderen, ihre negativen Gefühle auszusprechen und eine Situation herzustellen, aus der der Frust allmählich entweicht.

## Der Narzisst

Einige von uns werden schon als großartige Wesen geboren, einige wachsen zu wahrer Größe heran und einigen wird es erlaubt, für einen großen Menschen wie mich zu arbeiten.

## Klima ist Klima

Die Mitarbeiter beschweren sich über die Klimaanlage. Sie bläst zu heiß oder zu kalt. Man kann die Fenster nicht öffnen. Einige behaupten, es muffle.

Was tun?

Kleiner Tipp am Rande:
Lassen Sie die Klimaanlage ***nicht*** reparieren.

## In der Fremde

Tourist an der Hotelreception:

- Hier in der Drehe soll es ein gutes Restaurant geben.
- Auch wir haben im Hause ein Restaurant. Sehr typisch!
- Eigentlich suche ich etwas, was nicht so typisch ist.

## Relativitätstheorie

Personalberater an einen jobsuchenden Manager:

- Sie wollen also als ganz große Nummer herauskommen. Aber so kleine Firmen kennen wir gar nicht.

# Profi

Ich soll Sie zwar beurteilen, aber ich weiß selber auch nicht so recht, was ***mein*** Job ist.

## In größter Not

Wenn jemand anders sich ändern soll, hilft schlimmstenfalls nur noch, dass Sie selbst gegenüber dem Betreffenden etwas anders machen.

## Krise 9

| | |
|---|---|
| Personaler: | Das muss doch ein Schock gewesen sein, als der Vorstand Ihren Headcount (Mitarbeiterzahl) um 80% zusammengestrichen hat. Sagen Sie, wie traumatisch war das für Sie? |
| Führungskraft: | Na ja. |
| Personaler: | Wie können Sie das mit Ihrem Selbstbild vereinbaren? |
| Führungskraft: | Überhaupt nicht. |
| Personaler: | Was macht das mit Ihrer Familie? Was sagt Ihre Frau? |
| Führungskraft: | Sie meint, sie hätte das kommen sehen. |
| Personaler: | Hat das Ganze Ihr Bild von unserem Vorstand verändert? |
| Führungskraft: | Das war nichts Neues. |

| | |
|---|---|
| Personaler: | Erleben Sie nicht so eine Mischung aus Wut und Enttäuschung, vielleicht sogar in besonders schweren Momenten Verzweiflung? |
| Führungskraft: | Warum? |
| Personaler: | Was versprechen Sie sich davon, dass Sie sich in Zukunft mehr um den einzelnen Mitarbeiter kümmern können? |
| Führungskraft: | Ich weiß nicht. |
| Personaler: | Wir alle wissen, den lebenslangen Arbeitsplatz gibt es nicht mehr. Das Unternehmen kann nur dafür sorgen, dass Sie für den Arbeitsmarkt interessant bleiben. Und das haben wir in Ihrem Falle ja auch getan. Allein im letzten Jahr waren Sie vier Wochen in unserem Bildungszentrum. |
| Führungskraft: | Da haben Sie Recht. Im Übrigen habe ich jetzt keine Zeit mehr. Ich habe noch einen Termin bei meinem zukünftigen Brötchengeber. |

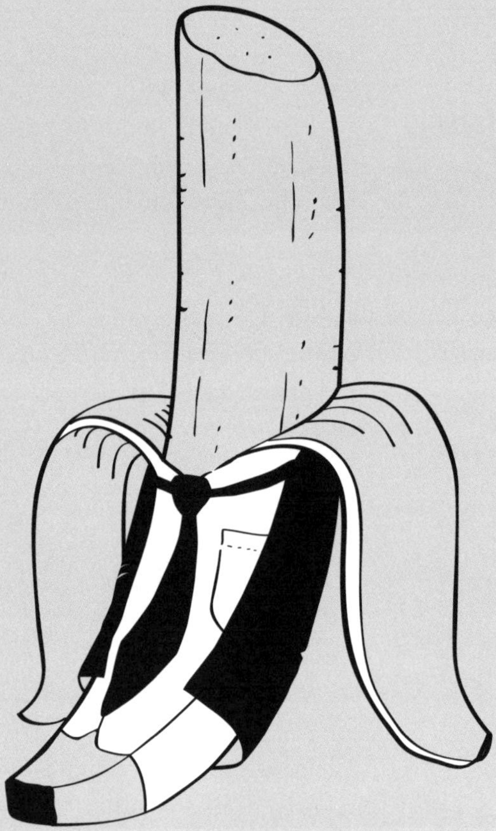

# Leadership

Spielen Sie nur die Noten
oder machen Sie richtig(e) Musik?

## I got no money

Geldknappheit bewahrt einen vor jeder Menge Blödheiten.

## Warum es Sie gibt

- Durch welche Ihrer Stärken behindern Sie sich selbst und andere in ihrer Entwicklung?

- Durch welche Stärken fördern Sie sich selbst und andere?

- Durch welche Ihrer Schwächen schaffen Sie Freiräume für sich selbst und andere?

- Durch welche Schwächen schaden Sie sich selbst und anderen?

## Wissensmanagement

Informationen und Wissen können Sie jemandem vermitteln, aber das Verstehen können Sie ihm nicht auch noch abnehmen.

## Harmonie

Wenn andere laut werden, werden Sie leiser.

## You are hired for competence and fired for personality!

Dass Ihr Know-how im Laufe der Jahre zunimmt, ist klar. Wächst auch Ihre Persönlichkeit mit Ihrem Job? Was machen Sie, wenn Sie feststellen ,dass Ihnen Ihre Persönlichkeit im Wege steht, weil Sie mit einer mentalen Programmierung bzw. Konditionierung arbeiten, über die andere entschieden haben, als Sie noch ein Kind waren?

- Was ist Ihr Skript, nach welchem Drehbuch verläuft Ihr Leben? Was wiederholt sich immer wieder, vielleicht nur alle zehn Jahre?

- Wann arbeitet Ihr Skript für Sie? Wann machen Sie instinktiv das Richtige? Denn unbewusste Kompetenz ist die höchste Form von Kompetenz. D.h., Sie können sich auf sich verlassen, Ihr Autopilot tickt richtig.

- Bei welchen Gelegenheiten haben Sie für sich etwas gelernt? Haben Sie nicht nur richtig gelernt, sondern das Richtige? Woran können Sie das erkennen, was hat sich geändert, wenn Sie mit sich selbst im Rahmen des inneren Dialogs sprechen? Welche neuen Signale bekommen Sie von Ihrem Umfeld?

- Passt das, was Sie heute in Ihrem Innersten bewegt, noch zu Ihrem Job oder sind Sie Ihrem Job bereits entwachsen?

## No Best Practices

Hätte Van Gogh sich an die »Besten Praktiken« von Rembrandt gehalten, hätte er wie Rembrandt gemalt.

## So what!

Was ist schlimmer,
ein Übermaß an Tugend oder ein Übermaß an Untaten?

Ein Übermaß an Tugend.
Man hat noch nicht einmal ein schlechtes Gewissen dabei.

## Theorie und Praxis

- Es gibt nichts Praktischeres als eine gute Theorie.

- Es gibt nichts Unpraktischeres als über eine Theorie zu reden.

- Über eine Theorie zu reden, bedeutet nicht selten, sie nicht verstanden zu haben.

## School of the Hard Knocks

Andere immer vor Fehlern bewahren zu wollen,
kann, gerade bei aller Liebe, ein Fehler sein.

## Talent Management

Warum einem Huhn beibringen, wie man auf Bäume klettert, wenn man ein Eichhörnchen haben kann?

## Die hohe Kunst des Delegierens

In einer Besprechung:

- Was heisst hier, wir sollten ein Projektteam gründen? Wir sind das Projektteam!

## Mobilisierung

Statt sich einzubringen, hatte er angefangen,
sich einzusetzen.

## Sagen Sie, was Sie wollen

*Version 1*

| | |
|---|---|
| Mitarbeiter: | Manchmal fühle ich mich richtig unglücklich, immer unter Druck. |
| Führungskraft: | Und? |
| Mitarbeiter: | Ich möchte, dass Sie kooperativer, stärker mitarbeiterorientiert mit mir umgehen. |
| Führungskraft: | Okay, wird gemacht. Sonst noch was? |

*Version 2*

| | |
|---|---|
| Mitarbeiter: | Meistens bekomme ich die Quartalszahlen von Ihnen so spät, dass ich mit meinem Bericht in Schwulitäten komme. Das muss nicht sein. |
| Führungskraft: | Das wollte ich auch nicht. Bis wann spätestens brauchen Sie die Zahlen? |
| Mitarbeiter: | Bis spätestens am 5. des folgenden Monats. Wie Sie wissen, ist der 10. mein Abgabetermin an den Verkaufsleiter National. |
| Führungskraft: | Das ist schwierig. Denn ich selbst bekomme die Quartalszahlen häufig mit Verspätung. |
| Mitarbeiter: | Was können Sie tun? |
| Führungskraft: | Unserer Abteilung »Marktanalyse« auf's Dach steigen. Ich kenne den dortigen Leiter ganz gut, er hat früher bei mir gearbeitet. |
| Mitarbeiter: | Das bedeutet also, dass Sie die Zahlen spätestens am 4. erhalten, so dass ich sie am 5. habe. |
| Führungskraft: | Ja. War's das? |
| Mitarbeiter: | Ja. |

## Sei perfekt!

Häufig ist die Länge einer Erklärung umgekehrt proportional zum Verständnis durch die Zuhörer oder Leser.

## Entwicklung braucht Zeit

Ein Beduine, der seit Tagen mit seinem Kamel durch die Wüste zieht, legt immer wieder längere Pausen ein.
Befragt, warum, antwortet er:

- Damit die Seele nachkommt.

## Prognosen

Bei der Wahrsagerin:

- Sie werden Geld verlieren. Bald.
Meine Rechnung bekommen Sie dann per Post.

## Workaholics

Unter Kollegen:

- Weihnachten kommt.
- Ach! Tatsächlich?
- Ja hast du denn das Rundschreiben der Geschäftsleitung nicht gelesen?

# Krise 10

Barbe »Hausfrauenart«:

1. Man nagle die Barbe auf ein Brotbrett.

2. Anschließend teile man die Barbe mit einer Kettensäge mehrfach längseits, um die Gräten freizulegen.

3. Das Ganze wird dann mit einer dicken Knoblauchpaste, Zitronensaft und schwarzem Pfeffer gewürzt.

4. Für 40 Minuten in einen heißen Ofen bei 120°.

5. Ist die Barbe fertig, vom Brotbrett entfernen und das Brotbrett essen.

## Führen durch Vorbild

Affandi wurde von einer Mutter um Rat gebeten.
Der Grund: Ihr Sohn aß viel zu viele Süßigkeiten.

Affandi dachte nach und sagte schließlich der Mutter:

- Kommt in drei Tagen mit eurem Sohn wieder.

So geschah es und Affandi hielt dem Sohn eine gehörige Standpauke wegen seiner Sucht nach Süßem.

Gefragt danach, warum er das nicht schon vor drei Tagen hätte tun können, antwortete Affandi:

- Ich musste selbst ausprobieren, ob ich drei Tage lang ohne Süßes auskomme.

## On a clear day you can see forever

Wahre Kommunikation findet dann statt, wenn eine Botschaft für Sender und Empfänger dasselbe bedeutet.

Ärgerlich dabei ist, dass dieses glückliche Zusammentreffen häufig nicht gleichzeitig erfolgt.

## Wissensarbeiter

Ohne misstrauisch zu sein, hatte er aufgehört, irgend etwas zu glauben oder darüber zu spekulieren. Neuerdings wartet er ab, bis er alle Informationen hat und etwas weiß.

## Krise 11

Ein Beduine zieht mit seinem Kamel durch die Wüste. Da wird er von einem Radfahrer eingeholt. Man kommt ins Gespräch.

Der Beduine fragt:
- Ist es nicht furchtbar heiß und anstrengend mit einem Fahrrad in der Wüste? Die Räder sinken doch im Sand ein.

Der Radfahrer:
- Halb so schlimm. Wenn man ein bestimmtes Tempo erreicht hat, sinkt man nicht mehr ein. Und der Fahrtwind kühlt dann so wunderbar.

Man verabschiedet sich.

In der Folge treibt der Beduine sein Kamel zu einem rasenden Galopp an. Die Dünen sausen nur so vorbei. Urplötzlich bricht das Kamel zusammen. Der Beduine fliegt fast aus dem Sattel. Er steigt ab und stellt fest, dass das Kamel tot ist.

Seine Reaktion:
- Typisch! Erfroren!

## Leverage*

In einem Betrieb mit hohem Frauenanteil kam es im Treppenhaus häufig zu Unfällen. Bei Dienstschluss stolperten die Mitarbeiterinnen, rutschten aus und einige flogen die Treppe hinunter.

Anstatt Schilder mit ermahnenden Texten, z.B. »In der Ruhe liegt die Kraft«, anzubringen, ließ die Geschäftsleitung große Spiegel aufhängen.

Schon nach kurzer Zeit ging die Zahl der Unfälle signifikant zurück.

---

* Hebelwirkung

## Präsenz

Es war einmal ein sehr weiser Mann, die Leuchte seines Zeitalters, der aus einem offenbar riesigen Schatz voller Weisheiten schöpfte.

All sein Wissen führte er zurück auf eine dickes Buch, das einen Ehrenplatz in seinem Haus hatte. Niemandem war es erlaubt, dieses Buch zu öffnen und darin zu lesen.

Da starb der Weise.

Sofort suchten seine Schüler, die sich als seine Erben betrachteten, nach diesem dicken Buch. Und sie fanden es.

Aber sie waren überrascht, verwirrt und verärgert, als sie merkten, dass in diesem Buch nur ***eine*** Seite beschrieben war. Alle anderen Seiten waren blank.

☞

Noch verstörter waren sie, als sie versuchten, auf den Sinn des leeren Buches zu kommen. Sie waren ratlos.

Was sie noch nicht wussten, war, dass der weise ist, der zwischen Behälter und Inhalt zu unterscheiden weiß. Sie konnten sich nicht vorstellen, dass ein Buch oder sonst irgend etwas, das nichts hermacht, in dem nichts steht, eine Menge enthalten kann. Man begnügte sich damals noch mit dem Wortwörtlichen, dem Oberflächlichen, dem Vermeintlichen, mit dem Platten.

Aber das war in grauer Vorzeit. Oder?

## Krise 12

Das Einzige, was hier noch gut aufgelegt ist, sind die Telefonhörer.

## Personal-Portfolio

Einige arbeiten, damit die Zeit vergeht, damit sie am Abend müde sind.

Andere setzen ihre Talente so um, dass sie am Abend vor Aufregung topfit sind.

Übrigens:
- Welche Mitarbeiter haben Sie?
- Was hat das mit Ihnen zu tun?

## Aktives Zuhören

Wenn in einer Besprechung, währenddem Sie reden, jemand kritisch schaut, dann muss Sie das nicht irritieren. Vielleicht ist er der Einzige, der Ihnen zuhört.

## Who is who?

Zwei Narren gehen spazieren.
Da hebt einer vom Weg einen Spiegelscherben auf und schaut hinein. Tief erschrocken lässt er den Scherben sinken.
Sein Freund nimmt ihm den Spiegel ab und schaut auch hinein.

- Das bin ja ich!

Worauf der andere:

- Al hamdulillah*! Ich dachte schon, ich wäre es.

---

* arabisch »Gelobt sei Allah«

## Managers Nachtgebet

Könnte man von einem so teueren Coach nicht einfach verlangen, dass er einige meiner Leute austauscht und mich in Ruhe lässt?

# Nachrufe

- Er war nicht nachtragend, aber auch nicht vergesslich.

- Dummheit war nicht eine seiner Stärken.

- Er hatte Fortune. Falsche Überlegungen führten bei ihm zu richtigen Ergebnissen.

- Sein Humor war so subversiv, dass er sich häufig damit vor allem selbst verletzte.

- Nähe ließ er nur in Form von Komplizenschaft zu.

- Er war ein sehr tüchtiger Restrukturierer. Am Schluss blieb er allein übrig und musste sich selbst entlassen.

- Er war zwar nicht »the brightest bulb on the tree«, aber gerade das gefiel seinen Förderern, als sie ihn in eine Position hievten, wo er ihnen nützlich sein konnte.

- Er hinterlässt eine Lücke, die ihn nicht nur voll ersetzt, sondern die wesentlich produktiver ist als er.

- Er war ein so guter Berater, dass seine Kunden, als er auf hörte, ihm nicht alles Gute wünschten, sondern beleidigt waren und aggressiv wurden.

- In seiner Alterswut hielt er immer mehr andere für unterbelichtet.

- Die Art und Weise, wie er mit anderen umging, konnte man nur noch als emotional inkontinent bezeichnen.

## Gewusst wie!

Seine Majestät, der Sultan, wollen sich malen lassen.
Problem: SM haben nur ein Auge.

Die größten Portraitisten werden gerufen. Sie machen sich ans Werk.

Maler 1:
Er malte den Sultan – mit nur einem Auge. Wegen Respektlosigkeit und Majestätsbeleidigung wurde er geköpft.

Maler 2:
Er stellte den Sultan mit zwei Augen dar. Wegen Betrugs und Fälscherei wurde er ausgepeitscht.

Maler 3:
Sein Portrait zeigte den Sultan im Profil – mit Auge natürlich. Der Maler wurde mit Geschenken überhäuft und zum offiziellen Sultanatsmaler ernannt.

## Personal Branding

In einem Bewerberinterview:

- Sie haben meinen Lebenslauf und mein Bewerbungsschreiben. Aber wenn Sie mich wirklich kennenlernen wollen, müssen Sie unbedingt meinen Blog lesen.

## Integer

- Mouaffak, wie gehen die Geschäfte?

- Miserabel, Mohammed. Der Ölpreis steigt, aber der Emir spart. Kaum öffentliche Aufträge. Erst letzte Woche ist der Bau des neuen Flughafens um ein Jahr verschoben worden.

- Was wirst du machen?

- Ich weiß nicht. Ich könnte mich zwar an einem Geschäft beteiligen. Aber da muss ich erst etwas investieren.

- Wieviel brauchst du?

- Hunderttausend Riyal.

- Eine Menge Geld. Was könntest du mir als Sicherheit anbieten? Ein Haus, ein Stück Land, etwas Gold?

- Nichts. Außer meiner Ehre ist mir nichts mehr geblieben. Ich bin am Ende.

- Wenn das so ist, bin ich bereit, ein einziges Haar aus deinem Bart als Pfand zu akzeptieren.

- Aber Mohammed, warum bringst du mich so in Verlegenheit? Wir beide wissen, nur die heiligsten Eide werden beim

Barte eines Mannes geschworen. Dabei geht es wirklich um die Ehre.

- Du musst dich ja nicht gleich entscheiden.

Am nächsten Tag besuchte Mouaffak wieder seinen Freund Mohammed. Er hatte ein kleines Damaszener Holzkästchen dabei, ausgeschlagen mit schwarzer Seide. Das Barthaar war geschmückt mit einer zierlichen Schleife.

Mohammed verstaute das Kästchen in seinem Safe und gab Mouaffak die besprochene Summe.

Mouaffak setzte das Geld klug ein und schon bald warf es die ersten Profite ab. Es dauerte nicht lange und er konnte seine Schulden in voller Höhe zurückzahlen. Das einzelne Barthaar wanderte wieder in seinen Besitz.

Von dieser Geschichte erfuhr ein weiterer Freund, Hassan. Auch er war in Geldnöten und er wandte sich an Mohammed. Nachdem auch er keine Sicherheiten anbieten konnte, stellte Mohammed die bereits bekannte Frage nach dem einzelnen Barthaar als Pfand.

- Aber natürlich, Mohammed. Von mir aus kannst du den ganzen Bart haben. Wenn du willst, rasiere ich ihn sofort ab.

- Ist es wirklich so leicht, Hassan? Ich werde dir keinen einzigen Riyal leihen. Würde ich das tun, dann würde ich aus einem von uns einen vollkommenen Narren und aus dem anderen einen Mann ohne Ehre machen.

## Weight Watchers

Bei einer Präsentation:

- Für diejenigen unter uns, die auf Kohlehydrate achten müssen, haben wir unsere Tortendiagramme auf Stabdiagramme umgestellt.

## Krise 13

Ein bärtiger Mann, der ein wichtiges Bewerbungsgespräch vor sich hatte, wollte jünger aussehen. Er ging zu einem Barbier und bat diesen, die weißen Haare aus seinem Bart herauszuschneiden.

»Gewiss«, antwortete der Barbier, rasierte den ganzen Bart ab und füllte die Haare in eine kleine Tüte.

»Nehmen Sie Ihre Haare mit nach Hause und dort sortieren Sie dann die weißen Haare heraus.«

## Black Box

Wirklich Dramatisches passiert häufig völlig überraschend und zwar gerade deshalb, weil niemand damit rechnet. Gewaltige Energien entladen sich dann zumindest vorübergehend völlig ungebremst. Retrospektive Prognosen ergeben in der Folge Hinweise auf übersehene Kleinigkeiten, unbekannte Ursache-Wirk-Beziehungen und nicht vorhersehbare Kettenreaktionen.

Derwische haben daher nicht nur das Vordergründige, das unmittelbar sich Aufdrängende im Auge, sondern sie beobachten das, was im Hintergrund und an den Rändern des Umfelds geschieht. Was ändert sich, was bewegt sich gerade in der Peripherie, seien es gesellschaftliche Veränderungen, Konsumgewohnheiten, Lebensstile, Wertvorstellungen, Technologien oder andere Paradigmen?

Bei komplexen Systemen, deren Innenleben nicht zu entschlüsseln ist, wird das Vorhersehbare zur Ausnahme. Ein Sandhaufen stürzt nicht nur dann ein, wenn mit einer Schaufel draufgeschlagen wird, sondern manchmal auch durch das Hinzufügen eines einzigen weiteren Sandkorns.

## Der Gutmensch

Und wer füttert die ungesättigten Fettsäuren?

## Phantasielos

Es genügt nicht, keine eigenen Ideen zu haben;
man muss auch unfähig sein, diese auszudrücken.*

---

* Kurt Tucholsky

## Wer führt, führt

Ein Kollege von Ihnen gibt ein Briefing über das Leadership-Konzept. Da er in Amerika war und am Center for Creative Leadership einen 2-tägigen Kurs besucht hat, gilt er als Fachmann. Im Raum schwirren Begriffe und Slogans: Visionsworkshop, Personal Mastery, Managing the Dream, Commitment, Qualität des Relationship-Management zu den Direct-Reports und besonders den Non-Direct-Reports, usw..

Da mischt sich zunehmend ein anderer Kollege ein. Seine Fragen und Bemerkungen zeigen, dass er vom Thema keine Ahnung hat. Wahrscheinlich ist er ein Ignorant, denn er stellt Fragen wie »Was heißt das für uns, praktiziert jemand im Vorstand Leadership, wie passt das zu unserem Unternehmen, was bringt das?«

Ein echter Spielverderber.

## Krise 14

Zwei Schulkameraden, die sich seit Jahren nicht mehr gesehen haben, treffen sich per Zufall auf der Straße. Der eine abgerissen und ungepflegt, der andere im perfekt sitzenden Dreiteiler, Hermès-Krawatte.

- Weißt du eigentlich, was ich geworden bin?

- Was bist du geworden?

- Abteilungsleiter

- Aha, und wie geht's weiter?

- Hauptabteilungsleiter

- Und dann?

- Bereichsleiter

- Was kommt dann?

- Vorstand

- Und dann?

- Und dann? Und dann? Frag doch nicht so blöd! – Nichts.

- Siehst du, mein Lieber, auch wenn du dich noch so anstrengst, wirst du eines Tages da landen, wo ich heute schon bin.

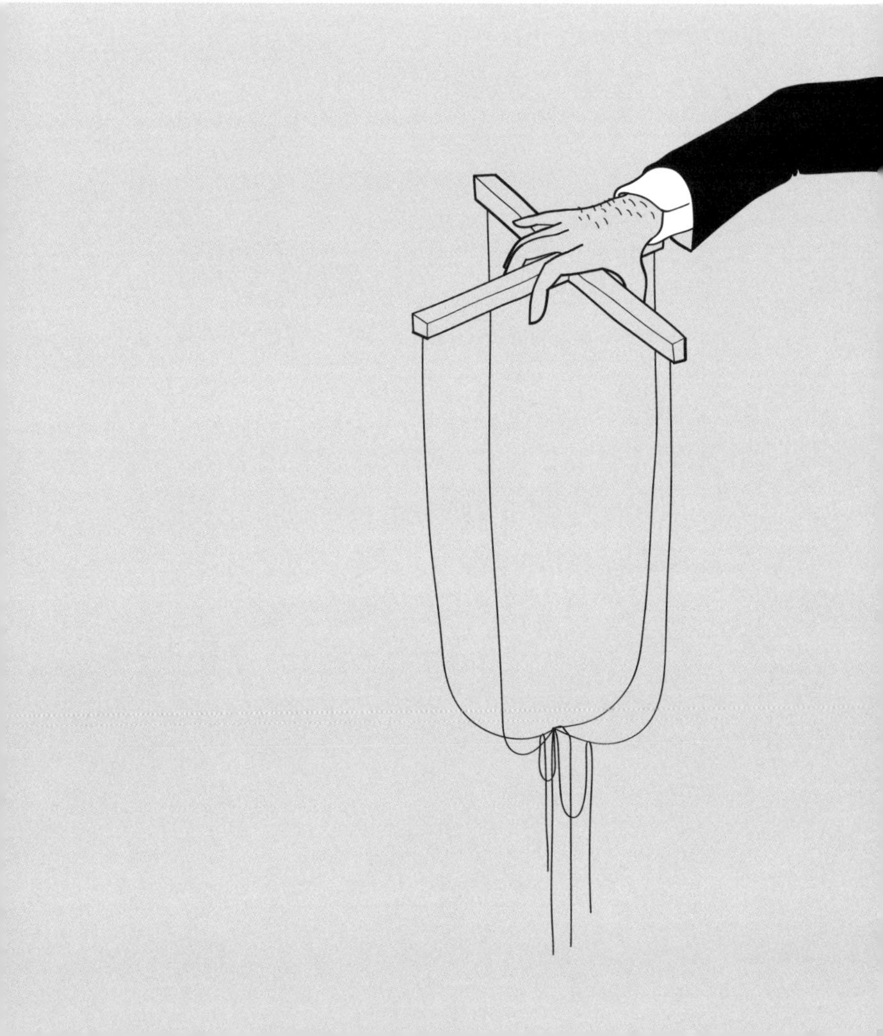

## Zirkulär

Wenn Sie in einem Mitarbeiter-Gespräch etwas über Arbeitszufriedenheit und Engagement erfahren wollen, fragen Sie den Mitarbeiter, wie seine Frau seine Karriere im Unternehmen sieht.

## Zuständig ist zuständig

Die Musik von Duke Ellington verkaufte sich schlecht.
Die Plattenfirma kündigte den Vertrag.

Der Duke:
- Da muss ich wohl etwas falsch verstanden haben. Ich dachte, ich bin für die Musik zuständig und ihr für's Marketing.

## Hart

Wer ein Problem hat, aber keine Lösung,
ist selbst das Problem.

## Einsicht

Wenn ich es recht bedenke, kann ich mir mich nicht leisten.

## Pädagogik*

Ein junger Mann, nach Weisheit dürstend, traf auf einen alten Weisen:

- Ich möchte gern lernen. Könnt Ihr mich lehren?

Da antwortete der Scheich:
- Ich glaube nicht, dass du weißt, wie man lernt.

Der Jüngling fragte weiter:
- Könnt Ihr mich lehren, wie man lernt?

Daraufhin antwortete der Weise:
- Und kannst du lernen, mich lehren zu lassen?

---

* André Ahmed Al Habib

## Spezialisten vs. Generalisten

Eine neue Idee liegt auf dem Tisch.

- Der Spezialist: Wie funktioniert das?
- Der Generalist: Was bringt das?

## Statussymbole

Affandi hatte einen großen Turban auf und schlenderte durch die Straßen. Da hielt ihn ein Mann an und bat:

- Oh Meister, seid so liebenswürdig und lest mir diesen Brief vor.

- Entschuldige bitte, ich kann nicht lesen.

- Ihr könnt nicht lesen, obwohl Ihr einen so großen Turban tragt?

Zornig nahm Affandi seinen Turban vom Kopf und setzte ihn auf den Kopf des Bittstellers.

- Lies ihn selber, deinen Brief.

## Wo lassen Sie leben?

In einem Workshop über die Balance zwischen Arbeit und Leben:

- Ich habe mir immer wieder vorgenommen, dass ich mehr Zeit freischaufeln werde für die Dinge, die in meinem Leben wirklich wichtig sind. Aber dann stellte icht fest, dass ich gar kein Leben habe.

## Ergebnisoffen

Chef an Mitarbeiter:

- Natürlich ist meine Idee nur ein Vorschlag, nur eine Anregung. Sie können sie jederzeit ignorieren und kündigen.

## Charmeur

Eines Tages unterhielt sich Affandi mit seiner Frau. Da bekam er plötzlich einen fürchterlichen Hunger und er bat um ein Stück Brot.

- Wozu brauchst du ein Brot? Sieh meine Schönheit an und du bist bald satt.

- Du hast recht, meine Liebe, aber deine Schönheit ist so süß, dass ich nicht ohne Brot auskomme.

## Gibt es ein Leben vor dem Tode?

Haben Sie eine Lebensversicherung?

Ohne auf die Untiefen verschiedener Versicherungsarten einzugehen, haben Sie damit auch vorgesorgt für die Zeit nach Ihrem Tode.

Haben Sie einen Lebensplan? Haben Sie eine Vorstellung von Ihrer wirklichen Rolle im Leben?

Wenn nicht: Was machen Sie bis zum Tode?

## Direkt

Chef an einen Mitarbeiter:

- Ich glaube, dass Sie wesentlich wertvoller und wichtiger für uns wären, wenn Sie für einen Wettbewerber arbeiten würden.

## Ekstase

Unter Freunden:

- Schau mal, man kann doch auch ohne Alkohol lustig sein.

- Das schon. Aber man wird nicht besoffen.

## Der Weg ist tatsächlich das Ziel

Was spielt es für eine Rolle, ob Ihr Ziel nah oder fern ist, wenn Sie vorher im Sand Ihrer Anstrengungen stecken bleiben?

## Raffiniert

Und da war noch der Mann, der auf einem sinkenden Schiff den anderen Passagieren erklärte, wie man aus Rettungsbooten ein Floß zimmern kann.

## Recycling

Eines Tages fragte ein Mann Affandi:

- Affandi, sagt mir bitte, was wird mit dem Vollmond gemacht, wenn ein Neumond aufgeht?

- Er wird zerstückelt und dann macht man 40 neue Sterne daraus.

## Krise 15

Ein Mann ging zu einem Weisen und bat ihn um Rat:

- Was mache ich nur falsch? Immer wenn ich in meinem Garten etwas pflanze, dann wird nichts draus, es wächst einfach nichts.

Da antwortete der Derwisch:
- Erzähl mir genau, was du machst.

- Untertags pflanze ich die Setzlinge in den Boden und wässere sie. Am Abend lege ich mich schlafen, wache aber um Mitternacht wieder auf, weil ich Angst habe, die Setzlinge würden nicht wachsen. Meistens stehe ich dann auf, gehe in den Garten und grabe die Setzlinge wieder aus um nachzusehen, ob sie schon gewachsen sind. Und, was sage ich Euch, nichts ist passiert!

Da antwortete der Weise:
- Ich glaube, ich habe dein Problem verstanden.

## On the Road

Im Laufe der Jahre sollte man die Hinweisschilder am Wegesrand als solche erkennen und immer häufiger stutzig werden.

## Wir sind alle Unikate

Eine Löwin wurde von anderen Tieren gefragt,
wieviele Junge sie auf einmal werfe.

Da antwortete die Löwin:
- Nur eines – aber das ist ein Löwe*.

---

* Nach einer Fabel von Aesop

## Krise 16

Never let a crisis go to waste*.

---

* »Verschwende niemals eine Krise«
Rahm Emanuel, White House Chief of Staff,
Obama Administration, 2009

## Bingo!

Zwei Derwische geraten sich in die Haare:

Ist es der Wind, der die Fahne zum Wehen bringt oder ist es die Fahne, die selbständig weht?

Sie können sich nicht einigen und gehen zu ihrem Meister, um ihn entscheiden zu lassen.

Da sprach der Meister:
- Ihr habt beide nicht Recht. Es ist der Sinn, der weht.

## Boni sind gut

Ich bin gegen jede Art von Deckelung der Managergehälter. Denn gerade auf diesem Gebiet war unser Haus immer am Kreativsten.

# DAX

Zu Wochenbeginn setzte der DAX seine Talfahrt fort. Besonders zu leiden hatten Banken, Automobilhersteller, Energieversorger, der Maschinenbau, die chemische Industrie und der Handel. Der DAX schloss mit einem Abschlag von 67 Punkten.

Beflügelt von den Wallstreet-Vorgaben des Vortags, nach denen die US-Regierung auch alle Kreditkartenschulden übernehmen werde, zog der Markt merklich an. Der DAX beendete den Handel mit einem Plus von 36 Zählern.

Am Mittwoch ergab sich keine einheitliche Tendenz. Die Ankündigung von Massenentlassungen führte bei einigen Werten zu positiven Sonderbewegungen. Andererseits zog das Gerücht, die Deutsche Bank würde von Haribo übernommen, im Bankensektor gewisse Abschläge nach sich. Der DAX schloss mit einem leichten Minus von 5 Punkten.

Der Donnerstag stand ganz im Zeichen eines Kursfeuerwerks, nachdem aus einer Sitzung des CDU/CSU-Wirtschaftsausschusses durchgesickert war, dass erstmals erwogen worden war, die Finanzverwaltungen des Bundes und der Länder zu privatisieren und an die Börse zu bringen. Die Finanzminister einstmals befreundeter Partnerländer wie Österreich, die Schweiz, Luxemburg und Liechtenstein sollen dem Vernehmen nach übereinstimmend ein verhaltenes Interesse an dieser Idee signalisiert haben.

Nachdem am Vortag der DAX um 217 Punkte angezogen hatte, ließen Dementi und Glattstellungen zum Wochenende das Kursniveau um 182 Zähler absacken.

Im Vergleich zur Vorwoche reduzierte sich der DAX um insgesamt einen Punkt.

## Krise 17

Sehen Sie, ich weiss nicht, ob dieses Glas halb voll oder halb leer ist. Für mich ist es jedenfalls zu klein.

## 0 plus 0

Wer die falschen Fragen stellt, bekommt die falschen Antworten.

## Umgekehrt proportional

- Das Ergebnis menschlicher Unternehmungen ist im Allgemeinen umgekehrt proportional zu den damit verbundenen Erwartungen.

- Die Fülle des vorhandenen Detailwissens in einer konkreten Situation verhält sich häufig umgekehrt proportional zum eigentlichen Verstehen eben dieser Situation.

- Das, was Sie schon wissen, kann Ihnen in der Regel nicht wirklich schaden. Anders ist es dagegen mit Dingen, von denen Sie nicht einmal wissen, dass Sie sie nicht wissen.

- Das ständige Fragen nach dem Sinn des Lebens verhält sich oft umgekehrt proportional zum tatsächlichen Führen eines sinnvollen Lebens.

## Zeitmanagement

Manchmal ist es besser, eine Stunde zu denken als 24 Stunden zu beten.

## Allah ist mit den Seinen

Verkehrsschild in Abu Dhabi:

»Beware of surprises« – Hüten Sie sich vor Überraschungen

## Zeitgeist

Heute gilt es auch als Fortschritt, wenn Kannibalen neuerdings anfangen, mit Messer und Gabel zu essen.

## Eine Frage am Rande

Wir alle haben natürlich eine Vergangenheit,
aber auch eine Zukunft?

## Nur schwache Charaktere ändern sich

Sollten Sie diese Überschrift, wenn auch nur für einen Moment, für plausibel gehalten haben, macht es vielleicht Sinn, dieses Buch nochmals zu lesen. Aber anders.

Denn dieses Buch ist eigentlich nicht zum Lesen da.